रात-दिन
जगाएँ
आकाशगंगाएँ

रात-दिन जगाएँ आकाशगंगाएँ

राजवंती मान

वाणी प्रकाशन

वाणी प्रकाशन

4695, 21-ए, दरियागंज, नयी दिल्ली 110 002

फ़ोन : +91 11 23273167 फ़ैक्स : +91 11 23275710

शाखाएँ

अशोक राजपथ, पटना 800 004, बिहार

कॉफ़ी हाउस कैम्पस, महात्मा गांधी मार्ग, इलाहाबाद 211 001, उत्तर प्रदेश

महात्मा गांधी अन्तरराष्ट्रीय हिन्दी विश्वविद्यालय, वर्धा 442 001, महाराष्ट्र

www.vaniprakashan.in
marketing@vaniprakashan.in
sales@vaniprakashan.in

RAAT-DIN JAGAYEN AAKASHGANGAYEN
by Rajwanti Mann

ISBN : 978-93-88434-31-7
Collection of Poetry

प्रथम संस्करण

मूल्य : ₹ 395

एम.एस. प्रिंटर्स, दिल्ली-110 093 में मुद्रित

वाणी प्रकाशन का लोगो मक़बूल फ़िदा हुसेन की कूची से

स्वर्गीय पिता जी (मेहर सिंह)

एवं

माता जी (चाँद कौर)

को

उन्हीं की प्रदत्त अस्मिता

उन्हें ही समर्पित

–राजवंती

आत्मगत

मेरे ख़ून में कभी एक उँगली भी न डुबोने वाले/क्या कहेंगे मेरी कविताओं के बारे में

–पाब्लो नेरुदा

इस संग्रह में सम्मिलित कविताएँ पिछले कुछ वर्षों में लिखी गयी हैं जो अपने परिप्रेक्ष्य में मेरे पूर्ववर्ती कविता संग्रह से कुछ हट कर हैं। कर्म-पथ हमेशा कुछ नये अनुभव लेकर अवतरित होता है जब कुछ भ्रम टूटते हैं, कुछ विचार बदलते हैं, कई नये मिथक गढ़ते देखे जा सकते हैं, विचारधाराओं के परिधान बदलते हैं और कई बार सृजक, प्राजक, अराजक एक ही व्यास रेखा पर आकर खड़े दिखाई देते हैं। विषम मनःस्थितियों में दुराव, निराशा, विद्वेष, आक्रोश भी पैदा हो सकता है जिससे कवि की काव्य-दृष्टि और काव्य-वस्तु प्रभावित हुए बगैर नहीं रहती। पाब्लो नेरुदा की उक्त काव्य पंक्ति इन कविताओं के दृष्टिकोण को जाँचने परखने की कसौटी है।

यहाँ भावनाओं के अवगुंठन और प्रत्यक्षीकरण में सामाजिक, परिवेशीय, लैंगिक, व्यवस्थापकीय या संस्थागत विद्रूपताओं के घालमेल की झलकियाँ परिलक्षित हुई हैं। एक और जहाँ ऐतिहासिक परिदृश्य में झाँकते हुए देश की आजादी के लिए हुए संघर्ष में असंख्य कुर्बानियाँ, यातनाएँ, सजाएँ, यन्त्रणाएँ कविमन को कृतज्ञता से भर देती हैं और वहीं वर्तमान परिदृश्य की कड़वी वास्तविकताएँ, व्यवस्थागत खामियाँ भी सामने हैं जिनसे इंसान को रोज दो-चार होना पड़ता है। इस संग्रह की कविताओं का बीजतत्व आम मानविकी पीड़ाओं और विडम्बनाओं, संवेदनाओं और अन्तर्विरोधों, उलझनों और व्यवस्थागत बेरुख़ी में ही निहित है और यही इसका तान-वितान व वातायन बने हैं।

अन्त में, मैं उन सभी महानुभावों का धन्यवाद करना चाहूँगी जिनके सहयोग, प्रोत्साहन व सुझावों से यह काव्य-संग्रह पूरा हो सका है। सर्वप्रथम डॉ. रमेश

कुंतल मेघ जी की हृदय से आभारी हूँ जिन्होंने बहुमूल्य संवर्धन और मार्गदर्शन किया है। डॉ. चन्दर त्रिखा जी, जो अत्यन्त अनुभवी व प्रखर विचारक हैं, ने बहुमूल्य सुझावों से लाभान्वित किया है। श्री चन्द्र भार्गव, उम्दा लेखक, समीक्षक व डॉ. राजकुमार मलिक और राजेश मौदगिल जो संजीदा पत्रकार के साथ-साथ काव्य में गहरी रुचि रखते हैं, मेरी इस सृजन-यात्रा में साथ रहे हैं। मेरे बच्चे– प्रयास और शिक्षा, जो मेरे मित्र, समीक्षक एवं आलोचक हैं, मैं उन्हें हर्षित मन से आशीर्वाद देती हूँ।

मैं, डॉ. वीरेन्द्र मेहंदीरत्ता एवं 'अभिव्यक्ति' के सभी साथियों की, हृदय से आभारी हूँ कि इन गोष्ठियों में आप सब प्रतिष्ठित साहित्यकारों का सान्निध्य प्राप्त हुआ और इन रचनाओं को निरन्तर निखारने का अवसर यहाँ मिला। विभिन्न समाचार-पत्रों एवं पत्रिकाओं ने मेरी रचनाओं को स्थान देकर पाठकों तक पहुँचने का अवसर प्रदान किया।

मेरे पिछले संग्रह 'परिन्दे की आरजू' को आप सभी सुधी पाठकों व समीक्षकों का भरपूर सहयोग मिला, मुझे पूर्ण विश्वास है कि इस संग्रह को भी आपका भरपूर प्यार और सहयोग अवश्य मिलेगा। पूरी सम्भावना है कि मेरी हरियाणवी पृष्ठभूमि की वजह से कुछ शब्दों या शब्द-विन्यास में इसकी झलक विद्वान पाठकों को मिले, वह मेरे आंचलिक बोध का प्रतिफलन है। आपकी प्रतिक्रियाओं एवं सुझावों की मुझे निरन्तर प्रतीक्षा रहेगी।

राजवंती मान

मोबाइल : 9814676936

ई-मेल : dr.rajwantimann@gmail.com

अनुक्रम

आकाशगंगा में सपने

मुझे नहीं जाना दलदले पानियों की ओर,
नहीं झाँकना मुंडेर के उस पार
ऊँचे गुम्बदों को,
जिनके आस-पास दूब नहीं उगती!

विकट परिस्थितियों में
स्मृतिपटल में रोपे हैं सुनहले पन्ने
निद्रा-लोक में उन्हें
आकाशगंगाओं में सिरा दूँगी
चन्द्रकिरण थाम कर
क्षितिज तक हो आयेंगे!

उस लोक में मुट्ठी में होता है शाबर मन्त्र
चित्तकौड़िया साँप को रस्सी की तरह
झटक कर तोड़ देती हूँ
बदबूदार लिजलिजे कीड़े पास नहीं फटकते
मन्नतों के धागे पीपलों को नहीं बाँधे जाते!

उमंगें चन्दन-वन सी महकती हैं
शक्ति-तरंगें, नयी भाषाएँ
नयी परिभाषाएँ गढ़ती हैं
संवेगीय ऊर्जा धमनियों में बहती है
स्वप्निल रात में!

कहता रहे कोई सपनों के अर्थ होते हैं
या अर्थपूर्ण सपने होते हैं
उस वक्त ये विमर्श बेमायने हैं
इन्हें फ्रायड और जुंग के मनोविश्लेषण में रहने दें!

दैनंदिनी के छिनालपन के बाद
सान्त्वना देते हैं सपने,
तीक्ष्ण विलाप में
सुनहरे हस्ताक्षर जैसे;
टूटी टोकरी में जगमग चाँद-सितारे
जादुई कालीन पर बैठ कर
बादलों पर विचरने जैसे;
ग़रीब की अनमोल मिल्कियत जैसे
जिन्हें कोई कुर्सी या रईसी ख़रीद ना पाये!

अगर बेचने पर आयें भी
तो क्या ख़रीदेंगे उनके बदले?

ये कविताएँ

ऐसे स्वप्न नहीं देखतीं
ये कविताएँ
कि नशीली हवाओं में मचलें,
लहरायें,
रेशमी पर्दों की तरह
रंगदार रोशनियों के
सान्द्र होंठ चूमें,
सभागार सीटियों की
गुलाबी गूँज से भर जायें!

ये कविताएँ
मिथ्याओं का स्वर्णाभिषेक नहीं करतीं
अनहद अकार्यों से
जल उठते हैं इनके भीगे होंठ
रक्तिम ज्वाला से रँगी जाती हैं
ताम्बई चुनरियाँ।

ये कविताएँ
स्लेटी अँधेरों के शब्द हैं,
इन्हें चादर फाड़ कर
रोशनी तक आना है
कदमों को अग्रेषित करना है
उत्तरी छोर तक।

इनके खुरदरे हाथों की खरोंचें
बाँधती दो बूँद पानी,
सूखती नदी का नीरव विलाप।

शहर की व्यापक सेज पर
क़ुर्बान होते गाँव की कहानी हैं
ये कविताएँ
परे हैं
फलहीन होने की यातना से!

ओ सूरज! आकाश के

ओ सूरज! तुम आकाश के प्रजापति हो
और मैं प्रजा।
नहीं पहुँचते तुम्हारे पाँव
वहाँ : जहाँ मैं रहती हूँ
वहाँ घुप अँधेरा है
उस गली में सीलन है
ठिठुरन है
उमस है
मनहूस काई है
वहाँ बाट जोहते हैं बच्चे
हसरत से, उम्मीद से
तुम्हारे चुटकी भर प्रसाद की!

और, वह जो दाँत पीसता मर गया
खेत की बाड़ पर
कोस कर मरा है तुम्हें ही
मगरमच्छ के दाँत गड़े थे पीठ पर
खाली चूल्हे का नृत्य उसके समक्ष था
लोहा पीटने वाले, रस्सी बुनने वाले
घर बनाने वाले
उसका मातम मना रहे हैं!

यही तुम्हारी मर्ज़ी है
पनपता रहे उसकी निरन्ध्र कोख में

व्यापक हज़्मिस्तान
सब कुछ पी जाने का!

ललाट घिसाता रहे चिकनी चौखटों पर
बना रहे मोम का पुतला
पिघल जाये जुबान की थोड़ी सी गर्मी पर
ढल जाये मनचाहे साँचे में
जुबान लकवा ग्रस्त हो
या फिर पड़ा रहे अलीगढ़ी ताला!
क्यों चाहते हो?
उस इंसान की सूरत चमचे जैसी हो
क्यों उन आँखों को
बाग़ी करार दे देते हो
जिन्हें हरा चश्मा लगाने में
शर्म महसूस होती है/मुकर जाती है
जुबान, जो गिड़गिड़ाहट का प्रतिरोध करती है
जिनके घुटनों की अकड़न
उन्हें रगड़ने से रोकती है!

वह क़ातिल तो नहीं होता
क़ातिल तो कोई और होता है
जो बेखौफ़ सच की हत्या करता है
भीतर के इंसान का कत्ल करता है
हक़ की लूट करता है
सारी रोशनी, चमक चाँदी, देश की माटी
सब को रखैल समझता है
और कानून को बन्दिनी!

कवि आँसू नहीं रोता
कविता कहता है
जिसमें खुरदरे हाथों, सूखी पसलियों,

गंदले देश का ज़िक्र होता है
चिकने चेहरे मोहरों के साथ!

वे निरे पशु तो नहीं हैं
राजपथ को पहचानते हैं
बींधे हाथ पाँवों में चेतना है/जिजीविषा है
मलाई, विभेदक ज़हर, अँधेरा
जानते हैं/महसूसते हैं।
मगर नहीं पहुँचते तुम्हारे पाँव
उन उदास गलियों तक
उन अँधेरी छानों तक
ओ आकाश के सूरज!
ओ सूरज! आकाश के!!

कसक

सूख रहे हैं
शहर, शहद, शरद
कोमल भित्ति-चित्र,
सिन्दूरी लहरें,
अमलतास के रंग।
मद्धिम हो रहे हैं वीतराग।

कहाँ है वो गुलाब
जिसकी ख़ुशबू
शैतान को भी हासिल है
भगवान की तरह?

मसल रहा है
निष्ठुर स्याह आवरण
टिमटिमाते सितारे को।
त्वचा-पक्ष में दुबकी बत्तख
क्लान्त आँखों से निहारती
चन्द्र कलाओं की परछाइयाँ
वर्षा ऋतु का इन्द्रधनुष
क्षैतिज शृंखलाएँ।

सुन रही हैं
रहस्यों की दुन्दुभि
सूखी-ऐंठी कविताएँ

बगल में सोयी स्वप्न-लाश
जिसे वह कतई प्यार नहीं करती!!

ऐसी कसक है...
किस जादू की दीवार पर टाँगूं,
या फैला दूँ कौन से चिनार पर?
छोड़ दूँ किस चिनाब में;
कि गा सके?
नव-भोर के
वेला-गीत!!!

सन्देह होता है

अगर यूँ चलने हैं तुम्हारे उपक्रम
कि खानापूर्ति दफ़्तरी काम की पहचान हो
नकटापन पहली शर्त,
लाज़िम हो मुँह पर 'जी' की मुहर,
ज़मीर मुर्दों से भरा हो और 'उफ़' तक ना हो
तन-मन निश्चेतन/दण्डवत
मठ्ठुओं के समक्ष
बेसुरी तानों पर मेलता...
तो देश की तरक्की पर सन्देह होता है!

देश जिसे बचपन में समझते थे
सर्वोपरि चीज़/सलाम योग्य
जिस पर क़ुर्बानी शान की बात थी
सर्वोच्च अभिमान
देश, जो खेतों में सोता है
पोखरों, तालाबों में नहाता है
गेहूँ की बालियों में
जिसका नूर दमकता है
पर्वत जिसकी छाती है
हम सब उसके अंग-प्रत्यंग।

अंगों में संक्रमण हो
इलाज के नाम पर बेच दी जायें आत्माएँ
द्वार सपाट खुले हों

सुनहरे उल्लुओं की ख़ातिर
'बोधिवृक्ष' कोल्हू में पेर दिये जायें
पिद्दी भर क़द्र ना हो सुच्चे मोतियों की,
तो सन्देह होता है!

कला-कौशल रुलता फिरे
गलियों में निन्दित/लज्जित
पानी भरे हुनर चौबारों में
जवानियाँ सरहदों पर अनाम खपें
मृत पड़े पायें 'अन्नदाता'
खेतों की मेड़ों पर
ज्ञात न हो चिमनियों का अन्तर्ताप
तो सन्देह होता है!

बहरी दीवारें, सफ़ेद आँखें
झाँकती रहें, देखें कुछ भी नहीं
कीच में लथपथ ज़ुबान
बोले कुछ भी नहीं
छोटी मछली बड़ी मछली का खेला हो
अर्जियाँ दीवारों पर सर फोड़ें
डग से मग न हो निजाम;
तो डर लगता है!
चिन्ता होती है!
अपनी झोंपड़ी के शहतीर की!!

अपने क़दमों से

वक़्त आ गया है
कुछ रास्ते बदलें
कुछ मंज़िलें नयी बनायें
क़दमों के गहरे नक़्श उकेरें
बाँझ क़दम मिटा दें।

लड़ाई विचारों की स्वीकार हो
लड़ें तो
मच्छरदानियों के बाहर आयें
दुरात्माओं के डेरे ढहा कर
कुछ खेत नये बनायें।

पेट भींचे जाँघों में न सोयें
जीभों की काई पोंछ कर
मिथ्या पर्दे फाड़ें।
वक़्त आ गया है
अपने क़दमों से
अपने खेतों तक जायें!

वो घड़ी तोड़ दी

जब से मैंने
वो घड़ी तोड़ दी,
निरन्तरता की जरीब
बाँधती नहीं पाँवों को
काल के चक्रव्यूह में
वो काले आँसू/जेब में नहीं गिरते!

टिक-टिक की यमदूती
साँसों को नहीं गिनती
रात के आख़िरी पहर तक
चुन सकती हूँ सितारे
समय की गाद से परे!

जब से मैंने वो घड़ी तोड़ दी
समय का कीड़ा बन्द है
पुरानी सन्दूकची के बासी कोने में
उसका बलशाली डंक
डँसता नहीं वक़्त बेवक़्त
सर पर पड़ता नहीं
फ़ौलादी हथौड़ा!

उसकी रेंगती आवाज़
कमरे की शान्ति भंग नहीं करती
अब निश्चिन्त सो सकती हूँ
पलकों में कपाल बीज बोये
और जागती हूँ
नवकिरण नाभि में दाबे—
सरू के दरख़्त-सी!
जब से मैंने वो घड़ी तोड़ दी!!

सामर्थ्य

मुझ पर विश्वास रखो
मेरी दोस्त!
मैं तुम्हारे शिथिल/मरणासन्न
अंगों को उद्दीप्त करूँगी
करती रहूँगी
भरती रहूँगी/तुम्हारी पिचकी धमनियों में
अजर उमंगें
लहू में विबुध सरसराहटें!

सूरज का असीम प्रकाश
ढाँपता रहेगा चिर ऊष्मा से
प्रदान करता रहेगा दैवी उर्जा
बरबाद दिनों में!

मेरी दोस्त!
नहीं हो तुम वाणी रहित
कुछ वक़्त रह सकती हो मौन
साँझ की लसलसी बेला में
कथित प्रेरकों के विरुद्ध
फीके उजालों की परतों में।

गहरी हैं तुम्हारी जड़ें
छिपी रहती हैं सारी शक्तियाँ वहीं

मिट्टी की अँकुआती गन्ध में
स्फूर्ति में, सन्तुष्टि में!

मेरी दोस्त उठो!
मेरे आह्वान पर उठो!
भव्यता, उर्वरता, चुम्बकीय शक्ति की मल्लिका!
उठो!
इस नैराश्य भरी रात को
भुला दो
अगुआई करो उनकी
जिनके उत्कर्ष और समृद्धि के
उदास बिस्तरों में
तिरोहित तिमिर
उजाले खाने को है!

यह तुम्हारा अधिकार है
मेरी दोस्त!
तुम्हारा सामर्थ्य है!!

जब जन्म लेते हैं पंख

उनका एक-एक आदमी
बदल देता है आँकड़ों के लिबास
बेदखली नामों की
रोजनामचों से/निर्देशिकाओं से
हवा में डोलती हैं नाम-पट्टियाँ
जिन्हें ज्ञात हैं
पीठ के घट्टू*!

कुणक-सी रड़कती हैं
आकृतियाँ/शून्य काल में
गुगली घुमाते 'लुन्ज हाथ'
आड़े वक़्त में
'घुग्घु' अभिलेख रचते हैं!

खा लेता है खेतों का सारा गेहूँ
गलियों के सूरज और चाँद
अपने घर में उजाले के लिए!

भेद सत्तात्मक होता है
अलमस्त होती है बेहयाई
कविता भयभीत नहीं
प्रहारों से आशंकित भी नहीं

---
* सुराख़, छेद

चिन्ता है/उन मासूमों की
नियति के खेल में
जिनकी इन्साफ़ की अर्जियाँ
उड़ जाती हैं सूखी घास की तरह!

ये रेत की नदी पाटने का समय है
उगाने का कुछ फलदार पेड़/पत्थरों में...

क्षरण से बचने-बचाने में
बाँधना है 'नज़र का तागा'
मासूम कलाइयों पर!
बहुत कुछ बचा रहता है
'उनके' कुछ नहीं के बाद भी
हथेलियों में सच्चे मोती की दमक
हवा में घुली नये रास्तों की आहट
अँगूठे तले की ज़मीन से
उभरता नाम
करवट लेता अणुबीज

जब जन्म लेते हैं पंख
फ़ानूस हिलते हैं!

चन्द्रशेखर आजाद

मैं खुरचना चाहती हूँ चन्द्रशेखर
इस क़लम की नोंक से
इलाहाबाद के अल्फ्रेड पार्क की/वह मिट्टी
तुम्हारे लहू से भीगी हुई
देखना चाहती हूँ उसका सुर्ख़/लाल रंग!

मेरी धमनियों में ख़ून का रंग उड़ चुका है!
भूल चुकी हूँ तुम्हारे नाम, संघर्ष, यातनाएँ!

ये वो वक़्त नहीं है
कि मासूमियत से लिया/एक कटोरी उधारा नमक
कर्ज़दार बना दे
सुननी पड़े माँ को 'तिवारी जी'[1] की गहन फटकार
'एक दिन बिना नमक नहीं खा सकते'।

भावरा[2] की उस झोंपड़ी में तुम्हारा जन्म
सुरंग में सूरज उगने जैसा
ना सड़क, ना संचार,
ना मानचित्र पर कोई निशान।

वो वक़्त विद्या और छड़ी के सम्बन्ध का था
'छड़ी लगे छम-छम, विद्या येई घम-घम'
जब राष्ट्र-भक्ति की रौ में
विवेकी निरामिष भोजी/कच्चा अण्डा गटक जाये!

यूँ भी भूख का कोई मज़हब नहीं होता
पेट के संकट पर व्यवस्थाएँ
सवाल-जवाब नहीं करतीं
'पूँजी' शाहों की गुलाम होती हैं
वह ग़रीबी से, भावनाओं से
कदापि हाथ नहीं मिलातीं।

काकोरी केस में
शाहजहाँपुर-लखनऊ आठ डाउन रेल की तिजोरी से
मात्र चार हज़ार पाँच सौ तिरेपन के बदले
चढ़ा दिये सूली पर
अशफ़ाक, राजेन्द्र लाहिड़ी, रोशन, बिस्मिल,!
लाल हवाओं में आज़ाद स्वप्न देखना
गुनाह होता है!
एक ही रंग की थी उनकी लड़ाई
उनकी देशभक्ति
तमन्नाएँ सरफ़रोशी की!

इस क़लम की नोंक तर है आजाद!
बेशक़ तुम्हारी आँखों से लहू बरसा होगा
साथियों को फाँसी के तख़्ते पर झूलते देख!
तुम तो आजाद थे
इसलिए लाँघ गये पहाड़, नदी, जंगल
ढूँढ़ते रहे फिरंगी क़दमों के निशान
शहर-शहर, गाँव-गाँव
बदलते रहे आँखों के नम्बर
तुम कभी साधु, ड्राइवर, मैकेनिक
तो कभी सत्याग्रही बन
करते रहे 'क्रान्ति दल' की कमाण्डरी।

'पुलिस टॉर्चर' को अनुभव करने
जहाँ रघुनाथ[3] ने ख़ुद ही दाग ली अपनी छाती
ताते-लाल चिमटे से!
डाँट-फटकार के बाद
चादर में मुँह दबाये कितना रोये थे तुम
साथियों की दीवानगी पर
नहीं चाहते थे कोई साथी पुलिस के हत्थे चढ़े
बन जाये ईंधन बन्दूक का!
सो, ना तस्वीरें, ना असल नाम-पते उनके!!

मूँछों पर ताव देते हुए वो तस्वीर
मास्टर रुद्रनारायण के अति-आग्रह पर
खिंचवायी थी तुमने
दूसरी उनके बीवी-बच्चों के साथ
चिन दिया था जिन्हें दीवार में
दुश्मनों के हाथ लगने से पहले!

गुलाम देश में गद्दारों की कमी नहीं होती
वो पीठ और चेहरे ख़ूब देखे तुमने
27 फरवरी 1931 की वो सुबह
जब गद्दारी और लोभ की मुट्ठी गरम हुई
तुम्हारा 'बमतुल बुखारा'[4] और नॉट बावर[5] की गोलियाँ
जब थमीं
तुम आज़ाद हो चुके थे
पूरी हुई तुम्हारी वह कसम भी
'किस माई के लाल ने दूध पिया, जो जीते जी पकड़ सके मुझे'!

पोस्टमार्टम, दाह-संस्कार सब छुप्पम-छुपाई
फिरते रहे 'अपने जन' त्रिवेणी घाट
कभी रसूलाबाद![6]
साँझ ढलते वह जामुन का पेड़ भर गया

आजाद-आजाद के नामों से
वन्यता की दहाड़ भरते नये पाँवों ने घेर लिया उसे
घिघियाई हुकूमत ने उसे उखड़वा दिया
उसी रात!

आखरी साँस तक पूछती रही माँ
लोग कहते हैं
'मैं निपूती हो गयी!
'चन्दू' क्या सच में मर गया'!!?

मैं लिख रही हूँ तुम्हें आजाद!
इस फुटपाथिया क़लम से
मगरमच्छों के तालाब के बीच
नॉट बावर की गोली भी यहीं कहीं है
घुंडीदार साँकल में पैर फँसे हैं
कलाई की नस के लहू में टिटोलती हूँ तुम्हें
झूठी पत्तलों के ढेर में खड़ी
आज़ाद! आज़ाद!! आज़ाद!!!

सन्दर्भ

1. पूरा नाम सीताराम तिवारी, चन्द्र शेखर आज़ाद के पिता
2. रियासत अलीराजपुर, मध्य प्रदेश में
3. राजगुरु का पार्टी का नाम
4. अपनी माऊज़र पिस्तौल को कहते थे
5. अंग्रेज़ पुलिस ऑफ़िसर
6. श्मशान घाट

शैल मूर्ति

मुँह में जूता दबाये
मन्दिर की ओर जाती
स्लेटी स्त्री
स्लेटी रंग ओढ़े
स्लेटी दुःख पहने
काला मुँह करके भी निर्भाग को;
चाह जननी बन जाने की!

कमरबन्द तक तालाब में डूबी
जूते में भर-भर पानी पीती हुई
भीलवाड़ा में स्त्री
प्रेत का साया है उस पर!
बुलन्दशहर में बन गयी देह
नोंच खाया चोंचदार गिद्धों ने
न्यायालय ने मामला
अन्वेषण विभाग के सुपुर्द किया!

गर्भपात पर हाथ आजमाता
झोला छाप डॉक्टर
देशी उस्तरे से
भीतर उग रही लतिका!

ईंट भट्ठे की मजदूरिन हुई गाभिन
इज़्ज़तदार स्वामी ने नोट चिपकाये

पपड़ाए होंठों पर
महानगर के पाँच सितारा में
रोशनियों की रंगीन जल-बुझ के बीच
बाज़ार के नीम उजाले में
मटरग़श्त सौदागर
और देह से उतरता
आखरी अंगवस्त्र!

तीन साल की अबोध को
काली चादर में लपेट
उधेड़े नव पंख साठ वर्षीय ने
लहुलुहान मृत चिड़िया!

'लव यू' के चक्रव्यूह में फँसी किशोरी
एम. एम. एस. का सामान बनी
वैधव्य ढोती सुहागिनें
सुगृहणी बनने की ललक में
रसोई घर में पिघलती
बन जाती बिस्तर!

रात के सन्तरी पहर में
बदनाम सड़क पर ग्राहक पटाती
बुझाती पेट की आग
देहाशों की
दब रही पुलिस वाले की एक आँख बारम्बार!
एक पर्दानशीन ऐलनाबाद में
घूँघट उठाने की कशमकश में!
जीत लायी ओलम्पिक मैडल
साक्षी मलिक, पी. वी. सिन्धू
गद-गद देश पलक पावड़े बिछाये
बचा लिया सम्मान
दुनिया की प्रतिस्पर्धा में!

इधर एक विकल कविमन
धुएँ के गोलीय व्यूह में
टोह लेता आँखों के क़ब्रिस्तान की
छातियों में चस्पाँ थिगलियों की
झूठे चुम्बनों की
हृदय में भीगी लौ जगाये
आमन्त्रित करता स्त्री को
गरज कविता में गढ़ देने की
शैल मूर्ति का उस पर ऐतबार नहीं!

आज़ाद

आँखों की सतर्कता गिरवी रख
खोकर ज़ुबान की पाकीज़गी
हाथों की गुणकारी महक
और अर्थवत्ता बेचकर
किसकी भलाई करने निकले हो
आज़ाद!
बना रहे उन्हें
ख़ूब से ख़ूबतर अमीर
शक्तिशाली से और शक्तिशाली
स्वत्व और जिजीविषा की पीठ पर!

यूँ भी
इन्द्रियों की मुद्राओं के
आधे से ज़्यादा पुर्ज़ों पर
जन्म से ही गाड़ दी जाती हैं मेखें
बींध दी जाती हैं/चिन्तन की नाड़ियाँ
झूठी पवनचक्कियों में!

पैदा होते हैं पीढ़ियों का बोझ लेकर
गुज़र जाते हैं उम्र के तीन पाये
पटरियों तक आते-आते
तिर्यक पथ से!

कब चखा था तुमने?
अपने स्वाद का एक टुकड़ा
आज़ाद!

गिनती भले इंसानों में हो
तुम संख्या हो,
औज़ार हो,
साधन हो,
हाँ, तुम्हारे इर्द-गिर्द लोहे की सलाखें नहीं
पहनते नहीं टाट के कपड़े
बेल नहीं पड़ी साँसों पर
साँझ तड़के गा सकते हो
मिठुगान/धर्मगान
और किस चीज़ की आवश्यकता है
तुम्हें?...
आज़ाद?

यात्रा-वृत्तान्त

उठो कनिका!
नहा लो
कर दो इस पानी को सुनहला,
जँचता नहीं ये आलसी लिबास तुम पर
कर दो दफ़न इसे
कहीं गहरे, बहुत गहरे!

कुतर देता है ये
रंगीन पंख
और सुन्दर कलगी भी
जो उग रही है मस्तक पर!

हाँ, सच है
दमघोंटू राख की बादशाहत
लिपट जाती है परिधान से
सीने को बींध देती है चक्रव्यूह में
खींच देती है लक्ष्मण रेखाएँ!

मगर, धैर्यवती!
तुम्हारा ये गुलाबी मनफूल
भूरे त्वचापर्ण लिफ़ाफ़े में
महक रहा है अभी
सिन्दूरी किरण को देख कर!

सो, उठो!
तराश लो अपनी क़लम
और लिख दो उस आसमानी चादर पर
स्वर्णजड़ित अक्षरों में
अपना यात्रा-वृत्तान्त!

बड़ा क़द

इतना बड़ा क़द नहीं
जितने बड़े नाम
हर जगह बहती एक ही सी हवा
एक ही तरह
छानी जाती ज़िन्दगियाँ
टाँक रखी हैं कई जोड़ी आँखें
खाल के अँगरखों में!

बेखौफ़ हड़प ले जाती रोटियाँ
पी जाती पसीना!

कौन, कैसे
यह वैज्ञानिक सवाल है
या फिर ज्योतिषीय!
धूँ-धूँ कर जलते हाड़-मांस
शिनाख़्त नहीं होती!

जय गान के कुंज हैं
ज़मीन की ओर विचरती हैं
भेड़-बकरियाँ
ऊपर भुरभुरे पहाड़
हवाओं में लहराते हाथ
लाउडस्पीकर की ओर दौड़ती

नि:शंक आत्माएँ
शीश महल में मुस्काते
कत्थई शुभगान!

इतना बड़ा क़द नहीं
जितने बड़े नाम!

द्वन्द्व

ख़त्म तो नहीं हो सकता यह द्वन्द्व
सच और झूठ का!

इस द्वन्द्व में पानी पी-पी कर
कोसी जाती है सच्चाई
मटरग़श्त रात-सा घूमता है झूठ।

कहाँ है अस्तित्व सच का?
नसीहतों में, प्रवचनों में, किताबों में
या कुछ सिरफिरों की ज़ुबानों में!

यह एक अप्रचलित विधा है
बीमार विचार
बुरी बला
धूल फाँकती
बोझिल पत्थर-सी
ढोते-ढोते दुहरा जाये आदमी!!

झूठ
सीलन भरी दीवारों तले
गिजाइयों के ढेर-सी उगती
बाज़ार में थोक-भाव बिकती
दिल से धारते आमो-खास!
ये मुँह नहीं चिढ़ाती

कसैला नहीं इसका स्वाद
बीत गयी, बात गयी के फ़लसफ़े पर टिकी
न पैर, न पंख, न परवाज़
हवा से तेज़ मगर रफ़्तार इसकी!

इस द्वन्द्व में
सच के टेंटुए पर होती है
बन्दूक की नाल
और ट्रिगर पर झूठ पहने उँगलियाँ
मरने वालों में
एक सुच्चा परिन्दा
निष्कलंक आँखें
लहू में लिपटा पसीना!

लौट जाना चाहती हूँ

उन्हें रहे भ्रम शहर के इक्कीस होने का
मैं वक़्त के पहिये को
लौटा ले जाना चाहती हूँ सींखचों के बाहर
विष, कोलाहल, मादक प्यालों से परे!

जमीं हैं यहाँ आदमदेह पर कई-कई परतें
लोहे की, राख की, जादुई शीशे की
किरकिरी लगती हैं हवाएँ
घसीट ले जातीं कहीं दूर नंग-धड़ंग सपनों से
जो बचपन में हक़ीक़त होते थे!

हँसना-रोना कैद तालाबन्द पिटारी में
वार्तालाप, मित्रता, मिलन
काँच की मुट्ठी में
झूठा निरन्तर चुभता सहवास!

लौट जाऊँ कि कुछ दूर तक चल सकूँ
कच्ची रेत पर नंगे पाँव
नाप लूँ धरती के पेट का ज्वर
महसूस लूँ उस दूब पर खुराघात
जोहड़ के जल में चेहरा देख आभास करूँ
समयान्तर का!
भाड़ में भुने भुगड़े

गुड़ की चाशनी से उठती भाप
की तपन जानूँ!

सूरज के बिस्तर बिछाते ही
जहाँ कूकते हों सियार
कोहरे की छतरी में लमलेट परछाइयाँ
कहीं दूर कुत्ते का भौंकना
चौंका दे दहलीज को!

लौट जाना चाहती हूँ
किसी आदिवासी बस्ती में
या अन्तरिक्ष के किसी सूक्ष्म ग्रह पर
जहाँ सो सकूँ बेपरवाह नींद
फेंक कर कागज़ी कलेण्डर
बाँध कर वक़्त को–
एक ओर
खूँटे से!

तिलचट्टे

अरे तिलचट्टे!
बहुत मोटे हो गये हो
खा-पीकर
झपट लेते हो रात के अँधेरे में
छोटे-छोटे कीट-पतंगे
दाँव लगाकर।
नासिकाओं से बहता लहू
बेबस छटपटाहट
तुम्हें क़तई कुछ दिखाई नहीं देता!

कुछ दिन और चलेगा
तुम्हारा ये दुष्चक्र
छोटी-छोटी चीटियों का समूह
लपक लेगा एक दिन
गिरोगे औंधे मुँह
चौकस उजाले में!

छोटे-छोटे पंजों की जकड़ में फड़फड़ाते
दिखाई देगा तुम्हें मवाद-सा
तुम्हारा लहू
एकदम सफ़ेद!

...तो सवाल उठता है

...तो सवाल उठता है
जब मातहत
कहलाने वाला
एक अदना आदमी
कोई उम्मीद न रखे
धता बता कर निकल जाये
और तुम...
उसके बदबूदार कुर्ते के कोमल सपनें
कुन्द ज़ुबान की भाषा
आँखों में उतरे भित्तिचित्र
न देख पाओ, न पढ़ पाओ
तो सवाल उठता है!

मेहनत से घिसे उँगलियों के पोर
हथेलियों में उगे काठ के आटण
धरती चाटती ऐड़ियाँ
कीर्तन करती हड्डियाँ
कुछ भी दिखता सुनता न हो
तो बहुत छोटा है तुम्हारा क़द!

आवाज़ की नमी
आँखों का सूखापन

दराँती के दाँतों-सी मूँछें
होंठों की पिटारी
खुलती न हो विराट तन्त्र पर
तो सवाल उठता है!

सवाल उठता है
क्यों बैठती हैं जाकर
सड़कों पर,
पटरियों पर
ये शिव-मूर्तियाँ?

दुःस्वप्न

देखना नहीं चाहते
मगर, देखती हैं आँखें अक्सर
ऐसे दुःस्वप्न
कुन्द तलवार उठाये मसखरे हाथ
आँखों में पसरा लाल दम्भ
तड़तड़ाकर टूटते खिड़कियों के शीशे
काली पटरियों पर दौड़ती
बेढंगी डरावनी आकृतियाँ!

महामानवों को नहीं आते
ये दुःस्वप्न
काँधों पर पुत्र की लाश ढोता आदमी
मासूम जिस्मों के अंगहीन खोल
उघाड़ी पीठ के सपाड़
मुण्डी दबा गोबर खाने पर मजबूर
निरर्थक चमड़ी से बहता लहू
वे नहीं देखते!

वह काला दौर होता है
जब सुनायी नहीं देते
चिमनियों के त्रासद स्वर
गलियों की याचनाएँ
पुकार/आटारहित चक्कियों की
लोह-नयनों में नहीं उतरती

कोई तस्वीर
उदास गीतों की
त्वचा का मिज़ाज राजनीतिक होता है
नाक द्वारों तक पहुँचती नहीं
कोई कच्ची बू!

जूतियों में समय के पेंच दबाये
हँसते, गुर्राते, काँख पीटते
कुकृत्यों पर
जैसे जानते ही ना हों
गहरी उमस से उगते हैं तूफान
डोल जाते हैं आलीशान शामियाने
दहल जाते हैं किले!

छीन लें बेशक/उन हाथों से रोटी
चुरा लें उनके बसन्त
हवा, पानी, रोशनी
बुझ नहीं पायेंगे
सितारे देसी गलियों के
दुःस्वप्न
उमसती आँखों के!

हे लकड़हारे!

हे लकड़हारे!
तुम्हारे हाथ में कुल्हाड़ी है
काटते हो तुम वक़्त बेवक़्त
चढ़ती बेलें
कच्ची पक्की शाखाएँ!

तो फिर
क्यूँ नहीं काटते ये पेड़?
खोखले दिन रोज इसके फेरे लगाते हैं
रातें इसकी नीरसता पर हँसती हैं
चबूतरे पर खड़ा है
बेबस
ये पेड़ पीपल का!

इसका तना
नीचे से ऊपर तक लद गया
इच्छा-पूर्ति सूत्रों से
गिर पड़ेगा किसी रोज इस भार से।
या चाहते हो तुम भी इसी से
इच्छापूर्ति मन्त्र
एक और धागा बाँध कर!

बस करो!
काट दो अब इसे
कर दो मुक्त
युगीन बन्धनों से
साँसों की जकड़बन्ध से
कि तुम्हारे पास
बेजोड़ सुनहरी कुल्हाड़ी है!
ओ लकड़हारे!!

लोहे की बुलबुल

हे परम देव!
उठाओ अपना राजदण्ड
धँसा दो बीचों-बीच
तुम्हारा नुकीला भाला
इस विक्षुब्ध, विक्षिप्त दिल में!

कर दो इसे छिन्न-भिन्न
बन जाने दो इसे
किसी सरिता का उद्गम स्थल
बुझ जाने दो प्यास रुधिरनद से
तुम्हारी खलकत की!

या फिर
बना लो बन्धक मुझको
जैसे बनाये हैं
चाँद और सितारे
असीम, अनन्त, क्षितिज
दिन और रात
करते नृत्य अनवरत
तुम्हारी पीपनी की तान पर!

हाँ, अगर यही तुम्हारी ज़िद है
उतारना चाहते हो
इस धरा की दुनियावी बस्ती में

तो...
एक लोहे की बुलबुल रख दो
सीने के भीतर/पूरब की ओर
औंट सके जो
युग के असीम हथौड़ों की मार
बैठा सके सामंजस्य
शैतान मित्रमण्डली से।

हो सके समृद्ध
आनन्दित
तुम से भी अधिक
दे सके गच्चा
निःसंकोच/तुम को भी
तुम्हारे ही घर में
वो छोटी-सी
लोहे की बुलबुल!

इस अग्निपथ पर...

इस अग्निपथ पर
चलते-चलते
पहुँच गये
स्याह कन्दराओं में।

अँधेरों की दुर्दान्त मल्लिकाएँ
बैठ गयी पैर जमा कर
छाती पर
भर कर कालिख मुख में
क्लेश और अशान्ति!

सूरज उतर जाता है
सर पर पैर रख कर
सख़्त चट्टानों से झाँकते
भुतहे चेहरे
ना गति, ना भाषा, इनकी!

क्या पता था?
सफ़र अग्निपथ का
ले जायेगा ज्वालागृह तक
लावा-सा बहेगा मुझ में;
जम जायेगा भीतर-भीतर

उग आयेंगी चट्टानें
संगमरमर जैसी मुझ में!

बनेगा एक ताजमहल
प्रेम लौ जगाये
पायेंगे विश्राम जहाँ
थके पखेरू कुछ पल को!

हम चूहे नहीं हैं

पैदा होती हैं कुछ आत्माएँ
निराशाओं के पुंज लेकर
होता है दहन ताउम्र
शिकार बनते मासूम परिन्दे
या फिर मासूम इंसान कहिये!

फीके ख़यालों की पोटली उठाये
फिरते हैं सुबह से शाम
कार्यालय, कार्यों के आलय नहीं
आधिकारिक फ़ासीवाद के गृह-स्थल हैं।
मुख़्तारी की फीत पाकर
रख देते हैं कानून-कायदे ताक पर
व्यवस्था के ठेकेदार
हर किसी की आलोचना
कौन प्रदान करता है
इन्हें ये हक़
कोई पूछे?
बुद्धि को चापलूसी से तोलना
लगा देना बट्टा आचरण पर
ईमान पर
मामला चाकरी का हो,
गृहस्थ का,
या असूलों का :
सर चढ़ कर बोलता है फ़ासीवाद।

इंसान की ज़िन्दगी
कोई चूहे की थोड़े ही है
कि जिसे
गर्दन से दबोच कर
लटकती पूँछ के साथ
जहाँ चाहें ले जाएँ घसीट कर
मार कर खाएँ
बिल्ली मौसी की तरह
किसी मुंडेर या छज्जे पर
खून के निशान भी न छोड़ें
ढक दें मिट्टी से!

जनाब, ये भ्रम है
मेहनतक़श इंसान का
खून पसीना जहाँ गिरता है
फूल उगते हैं वहाँ
झुक जाते हैं झण्डे
सलामी में
उग आते हैं बड़े-बड़े
बैनर पोस्टर!

ये निचुड़ी आत्माएँ
स्वप्नों, रागों, आलापों की गुनगुनाहटें
अन्ध स्वर हैं
कोरा मतिभ्रम
चहुँओर स्वरलहरियों की पुकार सुनो!
ये चीखें कहती हैं
आओ हमारे पास
हम चूहे या सियार नहीं!
कोई मरा हुआ विचार नहीं!!

बन्धुआ बन्दर

उसने कहा :
'उठ बे, जमूरे!'
और
वो लगा नाचने
बेतहाशा
अँगूठों के बल पर
कभी एक टँगी होकर
दाँतों की पूरी पिटारी खोले
उदासी का चश्मा पहने
पेट पर हाथ धरे
वो बन्धुआ बन्दर!

क्या तुक है?

रात की मेज़ पर पड़ी रोगी नींद
बुड़बुड़ाती बेचैन,
बन्द आँखों से टुकर-टुकर ताकती
आकृतियाँ अन्तहीन,
उधेड़ती बुनती
सूत्र-विहीन मालाएँ;
मैं कहती हूँ
ना बुनें ये स्वप्नचित्र!

मिट जाते हैं ओस के मोती
भोर किरण के साथ
रगड़ देती हैं पीली रोशनियाँ
खिड़कियों के शीशों पर
रौंद देते हैं अन्ध कदम
या चर लेता है कोई आवारा पशु!

घिसी हुई जूतियाँ,
अरण्ड के पात-सी फैली एड़ियाँ,
फटी बिवाइयाँ
मन में चुभते शूल, कंकर तलवों में
अब ठहर भी जाओ;
खड़े पानी-सा
सड़ने दो
फैल जाने दो दुर्गन्ध!

नाक-भौंह चढ़ायें वो
क्या बिगाड़ लेंगे?
निकासी का रास्ता वहीं से निकलता है
नवल कँवल का!

मौक़ा डर की हत्या करने का है
या रचने का कोई प्रपंच
सर के बाल उखाड़ लेने का
बेमतलब सीढ़ियाँ उतरने चढ़ने का,
ताकि हो जायें परिचित
क़दमों के निशानों से
पूछ ही डालें
किसने उखाड़े हैं सर के बाल?
कर दिया गंजा किसने? बीचों-बीच
किसके हैं ये अमिट निशान?
पत्थर की सीढ़ियों पर!

अरी ओ! तुम भी! देख चुकी हो भली-भाँति
कच्चे काँच की रंग-बिरंगी चूड़ियाँ
नरम शाल में लिपटा
रेशमी पोशाक तले
निरन्तर उठता धुआँ
सरसराकर बह निकलता आँखों से!

क्या मज़ा है इस दुर्बलता में?
ढोते रहें दिनों का बोझ
सूर्योदय से सूर्यास्त तक
घुलता रहे पसीना चाशनी बनकर
उधर बजती रहें सीटियाँ

क्या तुक है?
बाड़ खाती रहे खेत को

मौनता के साथ जलते रहें पसीने के छींटे
गर्म पगडण्डियों पर!

मुट्ठी तान कर सीधा करें अपना तकिया
मुँह खिड़की की ओर कर
फूँक दें दूषित धुआँ
जोर से बोल दें!
क्षमा करें!
वो मेरा अभिप्राय नहीं
क़तई नहीं!
बादल हैं उड़ना है गगन में
बरसने से पहले!

मामूली नहीं ये आँखें

मामूली नहीं ये आँखें!
इन्हीं आँखों के चौबारों में
रहते हैं कई सूरज,
खजुराहो की तस्वीरें,
उच्छृंखल सपने,
पूरे-अधूरे, कटु-मधुर
इन आँखों में हैं समुद्र
प्रवाल भित्तियों की बस्तियाँ
तैरती नाना रंग मछलियाँ!

इन्होंने देखे हैं कई युद्ध
उठती जवान अर्थियाँ
जलते श्मशान
ध्वस्त होते घर, गाँव, शहर
पसरते वीराने!

इनकी पलकों पर जमा है
धुआँ कई त्रासदियों का
टपकता टप-टप/डीमर-सा
चुभती किरचें शीशे की
क़ब्र में सोई परछाइयों की
ठहरा है वक़्त का चक्का
यहीं पर

बरसों तक
गंदले सफ़र का!

इन्हीं में समाया है इतिहास
आधी सदी का
बाँची हैं किताबें
स्लेटी, पीले, लाल पन्नों की,
पढ़ा है दर्द भी
विचारों की उधड़ती जर्सियों का!

मगर शेष हैं इनमें अभी
कुछ नम भूमियाँ
हरे मरुद्यान
टिमटिमाते जुगनू!
रख लेना तुम इन्हें
मुफ़्त दान समझ कर,
मिट्टी होने से पहले;
मामूली नहीं ये आँखें!

हुक्मनामे

ऊँचे स्थानों से फेंके गये
सभी हुक्मनामे,
सही या गलत,
स्वीकार तो नहीं हो सकते/हमेशा
आँख मूँद कर, गर्दन झुका कर!

ज़मीन पर
विचरते पाँव
पहचानते हैं धरती की तपन
दूब की नन्हीं पत्तियों में
समाहित शीतलता
कंकरों के किनारों का तीखापन
कोमल कोंपलों का मुरझाना!

होंठों की सूखी पपड़ियों को
आभास है
तालाब सूख जाने का
हथेलियों में उगे फफोले
मात्र छाले नहीं
कायान्तरित चट्टानें हैं!

तुम्हारे आदेश
हो सकते हैं
एक आदमी की बेजा सनक!

निषेध!—एक जमात का प्रतिबिम्ब
आदेश से बड़ा होता है
वह निषेध!

हाँ, अगर चाहते हो
एक जमात का प्रतिनिधित्त्व करना
तो तुम्हें और बड़ा होना होगा
और योग्य भी
अभी तुम्हारा क़द और आदेश
बहुत छोटे हैं
हमारे निषेध से!

यह शिक़ायत तुमसे बढ़कर
हमारी अधिक है
खुद्दारी के समक्ष बौनी हैं
अहंकारी व्यवस्थाएँ
सब कुछ देख कर भी
सरलता से अनदेखा करती
ठण्डी आँखें!

ये सर मात्र गिनती भी तो नहीं
विस्तार हैं
सच्चाई हैं
वास्तविकता हैं
कर्मण्यशीलता इनकी ताक़त है
यह स्वीकार करना होगा
आज नहीं तो कल
अगले
हुक्मनामे से पहले!

उस पार

इन दिनों मर रहे हैं
रोज...
थोड़ा-थोड़ा
रात में ज्यादा, दिन में कम
साथ मर रही हैं
बहुत-सी दुर्लभ बातें
कई सिरफिरे लोग!

किश्तियाँ रेत में गड़ी हैं
बादलों की बेरुख़ी
बढ़ा रही हैं विपत्तियाँ
नये पिंजरे गढ़े जा रहे रहे हैं
बेरंग परिन्दों के लिए
गुलामों की संख्या
निरन्तर बढ़ रही है!

कुछ आँसू नमक बन चुके
कुछ में बचा है पानी/अब तक
सितारों के बुझ जाने के भय से
थाम लिए हैं कुछ जुगनू
स्याह रातों के लिए!

उस पार/दूर कहीं
पूरब की कोख से
उग रहा है
गेरुआ कछुआ!

कटे हस्ताक्षर

प्रवासी गर्द ने
मैला कर दिया बिस्तर
कोरे काग़ज़ों का;
पीले पड़ते पन्नों ने छुपा लिए
कई तरह के भेद, गहरे घाव
चपटी छाती में
बन्द कर लिए सारे छेद
मुल्तानी मिट्टी के लेप से!

मगर ठहरी हुई सी
खुली सपाट आँखें
उड़ाने लगी हैं कुन्द बातें
कटे बाजुओं ने उठा लिए
अस्त्र-शस्त्र
जूझने लगे
उथले, रेतीले धूल भन्भूलों से
अस्तित्व की खातिर!

पपड़ियाँ तोड़ कर
मुखर होने लगे
वो क्षुद्र कण
उग आई उनमें/लम्बी-लम्बी उँगलियाँ
झिंझोड़तीं
भयभीत करतीं

बड़ी मेजों को
उन पर सजे फूलदानों को!

आशाओं की सटीक दिशा में
कटी तिल्लियों से
पंख बनाकर
उड़ने लगे
कटे हस्ताक्षर!

सिसकियाँ कौन सुने?

बिखर गयी नील धरा पर
ऊँची नीची दीवारों पर
जंगल और पहाड़ों पर–
चाँदनी!
सिसकियाँ कौन सुने?

सुनहरे जल में नहायी
बालों को झटकती
शीशे में निहारती
भूरी लडकी!
सिसकियाँ कौन सुने?

जलती-बुझती रात भर
ढलकते बहते आँसू
जम गयी मोम बन कर
लौ ललछौंही!
सिसकियाँ कौन सुने?

गर्भ से सुन्दर फूल उगाये
सब पापों का बोझ उठाये
नंगा आँचल मैली धोती
धरणी!
सिसकियाँ कौन सुने?

सच की मौत

जब होती है सच की मौत
पहाड़ से टूट कर गिरते
पत्थरों की तरह
टूटता है
अस्तित्व!

उतर जाता है नशा
दस्तावेज़ों की लिखावट से उड़ी स्याही की तरह
मेहनतकशी की मय का
गुरूर ढह जाता है कच्चे घर-सा!

एक साथ होती हैं कई मौतें
भीतर-भीतर
मातम करती हैं खिन्न धमनियाँ!

जब होती है सच की मौत
बूम्बलों* के भाव लगते हैं
लँगड़े घोड़ों पर
लूले सवारी करते हैं
एक ही व्यास रेखा पर होते हैं
गुड़ और गोबर
थोथे चने भजन करते हैं
जब होती है/सच की मौत!!

---

* बाजरे के छिलके

हाँ जानती हूँ

हाँ, मैं जानती हूँ
इनका जायका नहीं भाता तुम्हें
कुछ मीठे,
रसीले,
गुदगुदाते,
शाब्दिक गुच्छों की/दरकार रहती है।

मैं भी चाहती हूँ
ऐसी ही कविताएँ लिखूँ
जिनमें
गुड़ की चाशनी में पकी हुई
गाजर-सी मिठास हो
पौष की धूप-सी गरमाहट
चाँदनी में भीगी कमनीयता हो!

मगर
हाथ जलने लगते हैं
क़लम थामते ही
भौहें तन जाती हैं
मुट्ठियाँ अपने आप कस जाती हैं
कानों से गरम सुस्साटे बहते हैं।

और
काँच का वो नाज़ुक फूलदान

कठोर हाथों में
चटक कर टूट जाता है
चुभ जाता है पाँवों में
कर देता है लाल
फ़र्श को!

अनमोल साँसें

ज़ाया हो जाती हैं रोज
काँच की हाँडी से
मुट्ठी भर साँसें...
पैरों में छुनछुनें बाँधे
पिंजरबन्द-सी/छटपटाती
कुल्हाड़ियाँ चलती हैं रात भर
जब सो रहा होता है जंगल
गोते खाती गहरी खोह में
रो देती मोम के आँसू!

विस्मृतियों में
गरम पसीने की गन्ध लिए
कटखाती*
धूप में झरने खोजती
टिटोलती अमलतास के फूलों का टुकड़ा
दूर कहीं/उन्मुक्त!

बौराई-सी
थूकती बदबूदार कारकूनों पर
चौराहों में लिपटी दूधिया इमारतों पर
जिन दीवारों की कीच में
जज़्ब हैं बेशुमार हिचकियाँ

---

* काट खाने वाली

उकेरती/नंगे पाँवों के नक़्श
कच्ची पगडण्डियों पर!

जिस्म के पूर्वी पुंज से
बिखर जाती हैं कितनी साँसें
जीवन के निष्ठुर साज़ पर
जब भी लिखती हूँ इनकी कहानी
भीगे अक्षर होते हैं गीले कैनवास पर
ज़ाया हो जाती हैं साँसें
जीवन के निष्ठुर साज़ पर!

अन्धी आग

ये अन्धी आग
किसी की सगी नहीं होती
देखती नहीं तेरा घर या मेरा घर
बस फूँक देती है
आशियाने,
हरे चिनार, बगीचे!

पहाड़ तो पहाड़ होते हैं
रोते हैं फिर भी
जब बिखरता है लहू इन पर
बरसते हैं गोले छाती पर
जलती है बोटी-बोटी!

काले स्याह कंकाल पेड़ों के
सुन्न बन्दरियाएँ,
दुबके गड़रिये
दुत्कारती बरहना धरती
कुक्कड़ नचाने वाले
खेलने लगे हैं आग से!
अन्धी आग से!

भ्रम

अक्सर ऐसा होता है
दिन भर की नाकामियाँ
पीछा करती हैं घर तक
बन कर निकलती हैं
ख़ूबसूरत झाँकियाँ
परास्त दुश्मन
कामयाब कविताएँ
रात भर!

उड़ जाते हैं तृण-महल की तरह
रंग रंगीले भ्रम
झपक झोंके के साथ
आँख खुलते ही!

महसूस होता है
सर दर्द; तेज सर दर्द
और कुछ नहीं!

वही घोड़े
वही मैदान
वही लाचार बकरियाँ!!

क़बूल करते हैं

क़बूल करते हैं...कि
कितनी कन्नी काटें,
मींच लें आँखें
सामने होता है आपका रुतबा
कुछ भी कर सकते हो
आकाशगंगा पकड़ सकते हो
पाताल से खींच सकते हो लाल स्याही
क़बूल करते हैं!

वे मज़दूर हैं
पीतल रगड़ते हैं दिन भर
माटी पहनते हैं
माटी खाते हैं/भरपेट
रात को मुर्दे-सा सो जाते हैं
तारे चमके या चाँद खिला
इन्हें क्या मालूम
क़बूल करते हैं!

बाज का-सा झपट्टा मार
हाथ से टिकड़ा उड़ा ले जाना
धूप के चश्में पहन
दिन को धूसर कर देना
बूते की बात नहीं :
क़बूल करते हैं!

चीटियों के समूह को
दस ठाँव बड़े तिलचट्टे को
घसीट कर
बिल तक ले जाते
अक्सर देखते हैं;
और क़बूल करते हैं!

कभी-कभी

कभी-कभी यूँ लगता है
हर कोई रोता है
इसी तरह
हवा रोती है
एक पल चैन के लिए

वक़्त रोता है
देख नहीं सकता मुड़कर
पाँवों के निशान

शबनम रोती है
भोर ने चुरा ली दमक
बिजली रोती है
निरन्तर जलता है बदन

पहाड़ रोते हैं
छाती पर अनतोला गुबार लिए
दिन-रात रोते हैं
मिल नहीं सकते आकाश तले

आग, हवा, पानी, धरती, आकाश-सी
मै भी रोती हूँ
एक ब्रह्माण्ड-सी!

मगर ना रीतते गर ये बादल
फिर तो समुद्र नहीं होते!

विधवा का ऐलान

हँसते-खेलते उपवन में
गिरती हैं जब उल्काएँ
जल उठती हैं रिश्तों की डोरियाँ
वह स्त्री
अब स्त्री नहीं रही :
विधवा हो गयी
जिसे कोस रही हैं सारी खिड़कियाँ
सारे दरवाज़े
खा चुकी है खसम गोसाईं!

पिघले लोहे से बरसते शब्द
दुधमुँहे बच्चों की माँ पर
जिसकी जीवन लड़ियाँ बिखरी हैं अभी
अभी-अभी जो शिला बनी है
प्रलय भरी है जिसके भीतर
करवटें ले रहा है ज्वालामुखी!

जनसमूह मौन-सा
आचरण, हिदायतों की गठरी थमाता
उतरा है कुछ आँखों में/खुमार-सा भी।

टूटे जिस्म का बोझ लिए
वह उठती,
सँभलती, वेग से, मनोवेग से

विश्वास से।
चिथड़ों के कपाट सिलती
बेटों को काँखों में दबाये
गुहारती!
"ले जाइये अपनी पाक गठरियाँ
लौट जाइये अपने घरों को!

भरना है मुझे पेट अपने जातकों का
राँधनी हैं खाली देगची में पीड़ाएँ
चूल्हे में झोंकने हैं कुछ प्रतीक
सुहागिनों वाले!
उठाने है आँखों से रंगीन परदे
निहारना हैं सुनसान रास्ता दूर तक
भेदनी है क्षीणता

जानती हूँ
अपशब्द बरसेंगे मुझ पर
सब तानें सुनूँगी
लाँछन ओढ़ूँगी!"

घर के कोनों में कुदाल सजाये
खेत-खलिहान सँभालती
डाँगर-ढोर पालती
पराई ओढ़नियों पर बेल-बूटे काढ़ती
वक़्त भेदती
बेटों के कन्धों पर सवार
एक दिन
करती है ऐलान
उसने देखे हैं सभी पिंजरे
सारे जाल, प्रपंच
आँखों के बेलिहाज़ पत्थर
सभी यन्त्रणागृह
वह उन्हें लाँघ कर आयी है!!

ठहरी पतझड़ का राग

सूखी आँधियों के
अनियन्त्रित भंभूलों ने ढाँप दी
पुरानी ख़रोचें पिछली ऋतु की
धूप के गोले की तपिश ने
चढ़ा दिये सूखी पपड़ियों के लिहाफ़
लो! कर दी वक़्त ने
फिर वही पर्दागरी
चारागरी!!

एक बत्तख की बेचैन तिलमिलाहट
तोड़ना चाहती है सातों दरवाज़े
ज़बरदस्ती काले-पीले लबादों की ढाँप
कतई स्वीकार नहीं उसे!

बारम्बार पुरवाई हवा की सीलनें
भर देती हैं हरा मवाद
मीठी सिसकियाँ कुरेद देती हैं
अध सूखते कंगूरे!!

बालकनी का दरवाज़ा खुलता है
और झनझना कर बन्द हो जाता है
उकेर कर एक नयी खरोंच
बना कर और नयी लकीर
फिर गाँठ बन कर गुनगुनाने के लिए
ठहरी पतझड़ का राग!!

ये मेरा वतन है...!

मत पूछो!
क्यूँ सुलगती हूँ?

कामनाओं की धूपदानी थामे
निकल पड़ती है धैर्यवती टीस क्यों?
तोड़ कर बरफ़ की चादर
दिल समन्दर भी हो
तो ज्वार आता ही है!

कल की ही बात है
किस चालाक बाज ने
चोंच से टुकड़ा गिराया
या फेंक दी जूठन छक कर
जल उठा गाँव देहात
मर गया कोई मासूम परिन्दा
जिन के घर घी था
उँडेल दिया आग में
सेंक ली रोटियाँ
प्रचारक, प्रसारक, विचारक सब ने!

कुछ कहूँगी तो चेहरा नोंच लेंगे
मौक़ा जान पर बन आने का भी है।
क़लम जर्जरा कर दो-फाड़ हो गयी
एक बहती सुनहरी रौ में

दूसरी धँस कर गहरे
रिसती टपका-टपका!

बदल जाती हैं धर्म-कर्म की परिभाषाएँ
पूर्वी पश्चिमी हवाएँ त्वरित समय के साथ!

अर्ध-नग्न, अर्ध-पेट
उड़ते फिरते हैं फुटबॉल से हर मौसम में
सूखे पपड़ाये होंठ
सुकड़े अस्थिपिंजर
हथेलियों की गाँठें
कमाती रोटियाँ
मांस-गौमांस के झमेलों से परे!

स्वर्ण कलश हाथों में लिए
गुलाबी, नूरानी चेहरे
भरे-भरे मुँह/झूठ से, खुराक़ से
उतरते दंगल में,
छक कर सो जाते हैं गहरी नींद में
सालों तक!

उधर होता है खाली बर्तनों का खेला
भुलावा पकाती माँएँ
चूल्हे पर सेंकती रोटियाँ उम्मीद की
माँ का छींटदार पल्लू पकड़े
ऊँघते बच्चे सो गये!

वो कहते हैं न बजें खाली बरतन
चुप रहें
ये भी न कहें
कि ये वतन मेरा है।
ये मेरा वतन है...?

इस संग्राम में

कोई मरुस्थल नहीं
रणभेरी भी नहीं
मगर, एक संग्राम है
मेरा और उसका
इनका और उनका!

प्रभु! आपने देखा है न!
उन्हें शेख़ी बघारते हुए
जबकि साफ़ हैं लँगड़े शब्दों पर
मिथ्या पैबन्द!
निरीह पाँवों तले की ज़मीन खेंचते
बरसाते बदबूदार झाग और गालियाँ
पावन क़लम से अन्याय लिखते
और हमें चुप रहते!

आपने देखी हैं न!
मदअन्ध मस्त कलाबाज़ियाँ
अक़ीदों पर कसती तोहमतें, फब्तियाँ
लाचार, अपाहिज भीड़ को
गौरव गाथाएँ परोसते
अपने गरूर को हवा देते!

आपने देखा है न!
जीते-जागते इंसान को

कंकाल में तब्दील होते
और उन पर मँडराते गिद्ध
आतुर नोंच लेने को
सूखी हड्डियों में फँसा
ज़रा-सा भी मांस!

सिकुड़ी धमनियों को रात भर
सपनों की प्योंद लगाते
और उजड़ते
निकलते सूरज के साथ
तलवों में सिमटकर
भस्म होते दोपहर तक
बचे-खुचे साँझ के चूल्हे में जलते
निढाल दम तोड़ते
झटोल खटिया में
मुँह में गमछा ठूँसे!

देखकर
दिल पर लगी थिगलियाँ
अब तुम कहते हो
चुप क्यों थे हम
इस संग्राम में!

मत देखो!

मत देखो इधर
ज़ुबान नहीं बोलना चाहती
मात्र अनुसरण करते
वो अन्धशब्द!

स्वाश्रित कदम साधने लगे हैं
रास्तों के गूँगे पत्थर,
उँगलियाँ आतुर हैं उकेरने को बोलते नक़्श,
सूखी टहनियों में
फूटती हरी-पीली गाँठें
गढ़ रही हैं
चित्रकारिता की नयी परिभाषाएँ!

चुन लीं अनाम पथिकों ने यात्राएँ अपनी;
ताल मिलाते कदम
अँधेरी बस्तियों के पार
सितारे चुनने मुड़ गये
अवरुद्ध दिशाओं की ओर
जलाने आशा प्रदीप!
छालों की तासीर जान कर
चुना है यह आग्नेय पथ
मत देखो इधर!

उगने लगे नन्हें-नन्हें पदचिह्न
सशक्त उभर कर आयेंगे
जब बरसात होगी विष भरी
कुछ वज्रपात होगा
उल्काएँ गिरेंगी
मत देखो!
मत देखो इधर!!

पुरखे

पुराने ख़त की धूमिल पंक्तियों पर
देर तक अटकी रहीं खुली नम आँखें
वेश-परिवेश बदल कर
उतरती रही बूढ़े अक्षरों से
नयी-नयी आकृतियाँ!

देखती हूँ मैं
यह सब घटित होते हुए
उस ख़त का ज़मीन बन जाना
सत्तरों से बँधे अक्षरों का 'खूड'
हाँ-हाँ वही खूड
जो हल की मूँठ थामे
खेंचा करते थे हमारे पुरखे
बाँझ धरती पर
रोपित करने बीज
नयी फसल के!

ज्ञानी ही रहे होंगे!
जो सितारों की चाल से रात के पहर
चन्द्रिका के ओज से बरसात का
धूप-छाँव से
दिन के वक़्त का
सटीक आकलन करते रहे!

उन्हीं के अनुभवों से उपजी उक्तियाँ
प्रचलित हैं आज भी
बो दिया था जिन्हें
उम्मीद के बीजों के साथ
मुँह अँधेरे
धरती के गर्भ में!

ठिठुर गयी होंगी निपुण उँगलियाँ
जम गये होंगे पैर
लीतरों में
इस प्रयास में!

निर्लज्ज नहीं हूँ मैं
कि सुन न सकूँ उनकी मौन आवाज़ें
देख न सकूँ खूँटी पर टँगी
जंग खाये श्रम की परछाइयाँ!

उसी मिट्टी, उन्हीं बीजों से पनपे हैं हम
और पनपती रहेंगी अगली पीढ़ियाँ भी
हमारे बाद!
कृतज्ञ होंगी
कुछ कृतघ्न भी
जैसे निकल आते हैं सैकड़ों में
कुछ विकृत बीज भी!
और कुछ में अकुँराती रहेगी
सौंधी गन्ध पुरखों की मिट्टी की!

•

हरे जख़्म

साँस लेते रहते हैं
उसी तरह
खुली रहती हैं इनकी हरी-पीली आँखें
जीती-जागती,
न किनारियाँ कुन्द पड़ती हैं,
न रिसना छोड़ता है
इन गाँठों का चिपचिपापन
न पपड़ियाँ सूखती हैं
कौंधती धूप में!

बेवजह की अफ़वाहें हैं
कि भर देता है वक़्त
बड़े से बड़ा घाव
अपनी चारागरी से!

नहीं! नहीं भरते...
गहरे फाँस से गड़े हुए उदास टुकड़े :
रगड़ते रहते हैं
आती-जाती साँसों के साथ;
खुरचे जाते हैं कंगूरे....
विषाक्त पोरों से;
हरे जख़्मों के,
जीवन-पर्यन्त!!

नाम

उन्हें पसन्द नहीं
मेरा नाम।
इतने अक्षरों का समुच्चय;
जैसे चुनौती देता हो,
ललकारता हो
उनकी सत्ता को,
बड़ा भी
और बोझिल भी!

उन्हें पसन्द है
अँगूठे के काले धब्बे से निकला
बस, छोटा-सा नाम
काग़ज़ के किनारे पर रेंगता
सिमटा
मौन-सा!

इसलिए लगा देते हैं क्रॉस
उस नाम के आगे,
बना देते हैं दीवार सड़क पर!
उन्हें पसन्द नहीं
मेरे भीतर अक्षरों का करवटें लेना
हमें पसन्द नहीं!
सिफर हो जाना!!

पहेली

कहीं रेगिस्तान,
कहीं जंगल,
पहाड़-सी ऊँचाइयाँ,
कहीं उठते हुए बवण्डर;
गन्दी मलिन बस्तियाँ,
सुबकते, सिसकते सपनों के
टूटे बिखरे पंख!

उद्वेलित ज्वालामुखी
कहीं आँधियों में जलते-बुझते दीये
इससे बढ़कर, इससे बदतर
और भी बहुत कुछ है
उस रहस्यमयी दुनिया में!

अनछुई
अनखोजी
अनसुलझी पहेली-सी
मेरे भीतर बसती है
वो एक दुनिया!

चुनिन्दा शब्द

फूलों-से मुस्काते नारंगी धूप में
हरी दूब पर मोतियों से पड़े
भुरभुरी मिट्टी से लथपथ कभी
पड़ोसी की मुंडेर से गुपचुप झाँकते
ड्योढ़ियों की देहरी पर ठुड्डी टिकाये
ज़हर में बुझे कभी अमृत में नहाये
खट्टे-मीठे शब्द!

पक्षियों की बोलियों से झड़ते
सलीब पर उलटे सीधे लटके
बूँदों में बँधकर झर-झर गिरते
जुगनू की तरह जलते-बुझते
हवाओं के सर पर नृत्य करते
मूक से कभी रौब से गरजते
बेफ़िक्रे शब्द!

यूँ ही बिखरे रहते हैं यहाँ-वहाँ
अनेकानेक रूप और रंग में
चुन कर, झाड़-पोंछ कर
गूँथ देती हूँ गाँठ गठीले धागों में
कि सुना सकें कहानियाँ हमारी-तुम्हारी
सत्तरों की पटरियों पर दौड़ते-भागते
कुछ चुनिन्दा शब्द!

आभार

तुम्हें ही है ये श्रेय हासिल
कि तुमने
सुस्ताये घावों को
पुनर्जीवित किये रखा
चुटकी भर नमक से!

देखो!
हरे कंगूरों में
फूटने लगी गाँठें कोंपलों की
सुर्ख़ मिट्टी में
उगने आये हैं फूल
ज़रूरी है पुष्पित होने को
यह नमकीन खुराक़!
आभार!!
बहुत आभार!!!

...तुम भी करो

ये वो वक़्त भी तो नहीं
दुत्कार सुनूँ,
भयभीत होऊँ,
चुप रहूँ।
अब मैं तड़प उठती हूँ :
तड़प ही नहीं
प्रतिकार को आतुर भी!

अब चूड़ियों का जोड़ा देख कर
मौन व्रत नहीं टूटता
हामी नहीं भरी जाती
शीशे की बेड़ियों पर इतराती नहीं!

हाँ, रुटिहारिन, धोबिन, भंगिन
रहती हैं अब भी मुझ में
और बग़ावत पर आमादा भी नहीं

बन्द कमरे के रोशनदान से
गसगसाती हवा का वेग और रुख़
महसूस करती हूँ,
तुम भी करो...
उमस भर कर रोशनदान टूटते
देर नही लगती!!

तुम्हें नहीं मालूम

तुम्हें नहीं मालूम!
ये एकालाप कैसे जनमता है?
किस तरह सूरज सुराही में डूब जाता है?
एक स्पर्श से मछली का क़द बढ़ जाता है!
पुस्तकें पीठ पर ज्ञान का बोझ बाँधे
समा जाया करें समुद्र में
बहस केश-विन्यास या कपोल-राग पर हो
जैसे कोई आईना है आदमक़द!

सूखी बावड़ियों से उपजी ये कविताएँ
शब्द पुंज नहीं जो दिल बहलाते हों
झुनझुने बने हों!
क़लम की नोंक बाँझ नहीं होती
उँगलियों को परहेज़ है
उछलते मेंढकों पर गीत लिखने से
सुलगती वादियों पर महकी फुलवारियों से
चाहें तो दुनाली दाग सकते हैं आप!

गूँगे घाटों को दिल का दर्द कहना
ख़ुद पर आरी चलाने जैसा है
या फिर पहाड़ से लुढकने जैसा!

तुम देखना...
एक दिन

लूण की कश्तियाँ पिघलते हुए
यहीं घास चरती बकरियाँ!

हठीला होता है वक़्त का चक्का
जब थमता है
कबूतर गुटरगूँ नहीं करते
जिस्म के पूर्वी टुकड़े में
एक बत्तख
लोहे की पत्तियों से कट कर
ख़ुदकुशी करती है
धरती अपने अक्ष पर दिन-रात
परछाइयाँ बुनती है!
क्या तुम्हें नहीं मालूम!!

काला पानी से सैल्यूलर जेल तक

1789 में अंग्रेज़ अधिकारी आर्किबाल्ड ब्लेयर भू-रचना व हवा-पानी का जायज़ा लेने अण्डमान-निकोबार पहुँचा और वहाँ पोर्ट बनाने की सिफ़ारिश की। 1857 के गदर के बाद हज़ारों क्रान्तिकारियों को कालेपानी की सजाएँ देकर वहाँ भेजा गया, क्रूर यातनाएँ दी गयीं और अनगिनत मारे गये, उन्हीं नायकों को समर्पित है मेरी यह कविता :

काला नहीं था तब यह पानी
बन्दूक की गोलियों की राख
नहीं घुली थी इसमें
अस्थियों का कोयला भी नहीं
कोलकाता के हज़ार मील
सुदूर दक्षिण में
पाँच सौ बहत्तर टापुओं का समूह
अण्डमान-निकोबार
स्वर्गिक सौन्दर्य समेटे हुए
अनछुआ, अनशोषित-सा।

हरित वन क्षेत्र
मैन्ग्रोव जंगलों में बहती थीं
स्वच्छन्द हवाएँ
छुपम-छुपाई खेलती
निर्भीक!

आबाद रही यहाँ सदियों से
शोम्पेन, झारवा जनजातियाँ

इसके छत्तीस द्वीपों पर
देशज कीट-पतंगों के अंग-संग।

नहीं पहुँचा था वहाँ कोई
आर्किबाल्ड ब्लेयर[1]
सवा दो सदी पहले तक
समुद्री अड्डा बनाने
समुद्र, जनजातियों, वन्य जीवों,
नील मछलियों पर गुलामत लादने।

लालायित विदेशी आते रहे
और गँवाते रहे जान
लोमहर्षक प्रयास में
इस अप्रतिम सौन्दर्य के!

दूर से देखी अण्डमान ने
गुलामी के विरोध में घूमती रोटियाँ
बैरकों में उठता धुआँ
जलते शस्त्रागार
बेचैन डाक बँगले।

छावनियों तक सीमित न था अट्ठारह सौ सत्तावन
गली, चौराहे, नुक्कड़ों ने सुनें
इसके जयकारे
उद्‌घोष
खींच ली पाँवों तले की ज़मीन
एक बार फिरंगी के!

देखे दमनचक्र भी दूर से
ख़ून से रंगी सड़क
आज भी कही जाती है लाल सड़क!
पेड़ों पर बया के आह्लणों-सी

लटकती लाशें
तोपों के मुँह से बँधे धरती-पुत्र
दनादन चलती गोलियाँ
सब देखे इसने
कुकर्म कापुरुषों के।

आज़ादी की इस जंग के
प्रतिशोध की ख़ातिर
फ्रेड्रिक मौवत और प्लेफेयर[2] को तलाश थी
एक जगह की
अन्तहीन रात-सी
जहाँ बुझा सकें वो सूरज
जला सकें चाँदनी
भेज सकें बहिष्कृत कर
विद्रोह करने वालों को!

विस्मित हुआ था महासागर
सहमी थी बंगाल की खाड़ी
जब फहराया गया यूनियन जैक
चैथम द्वीप पर
साँस लेने लगे मृत स्वप्न
कॉलोनी बसाने के कुँवारे टापुओं पर!

ले जाकर पटका मार्च अठावन में
विद्रोही वतनपरस्तों का पहला जत्था
उमस भरे, सीझे, निर्जन
अण्डमान के टापुओं पर।

बेचैन मछलियाँ
सुबकती लहरें
ढोती गयीं बोझ किश्तियों का
निरन्तर

उतरते गये वतनपरस्तों के टोले
कलकत्ता से मद्रास, कराची से सिंगापुर, बर्मा तक से
निष्काषित कर दिया गया जिन्हें
हमेशा के लिए
कष्टीय यात्रा में टूट गयी
साँसों की डोर बहुतेरों की!

'कर चुके दफ़न दो हज़ार और भेज दो दस हज़ार'
कहती है वाकर[3] की डायरी
छोड़ते गये हाथ-पाँवों में बेड़ियाँ डाल
चैथम, रास और हेवलॉक[4] के जंगलों में
जहाँ होती है बारिश साल के नौ महीने
जहरीले डाँस, मच्छर, साँप
और हिंसक जनजातियाँ
हिम्मत ना जुटा पाये थे सदियों से
आततायी जहाँ जाने की
'दण्डी बस्ती' कहा गया उन्हें
जनभाषा ने उच्चारा उसे कहकर
'कालापानी'!

दहल गये क्षुद्र द्वीप
बदल रही थी हवा, पानी, चट्टानें, समन्दर
आँखों में विस्मय भाव लिए
निःशब्द थी आदिम जनजातियाँ!

जलावतनी, वर्षावनों का वास
जिस्मों पर जमता समुद्र का खारापन
और पेट की आग
'खा सकते हो मार कर एक-दूसरे को'
कहा मिलिट्री डॉक्टर वाकर ने!

अनेक तरह की होती हैं यन्त्रणाएँ
क्रूर बैरियों की
बेड़ी लगा कर छोड़ दिया जाये
बिच्छुओं, साँपों भरे जंगलों में
दो कटोरी पानी
कीड़े-मकोड़ों और भूसे की रोटी
जंगली घास का लावण
कोल्हू में जुत कर तेल निकलना
बाँध दे गाँठें पेट में अंतड़ियों की।

प्यास और पेशाब गिने जायें अपराध
सुबह, दोपहर, साँझ के बाद
एक छोटी सी 'बरोली' पेशाब के लिए
बारह-चौदह घण्टे की लम्बी रात
काल कोठरी में
घुटनों पर आना पड़े जमादार के
शौच की ख़ातिर
बदतमीज़ फिकरे, गाली-गलौज
नृशंस कोड़ों की मार
छिले बदन पर टाट के कपड़े
सुइयों से चुभते
ना पहनो, तो खींच लें प्राण हाड़ों में घुसकर
समुद्र की नमकीन हवाएँ!

ना रोक पायी हृदयों का स्पन्दन ये यातनाएँ
उगती रही आस
आज़ादी की
उदासी और निराशाएँ भी छुपाये रखती हैं
अपने भीतर आशा
पलायन हुए,
पकड़े गये
और चढ़ा दिये सूली पर

सत्तासी आज़ादी के परवाने
एक ही झटके में
क्रूर जेलर डेविड बैरी ने
कि न हो सकें विरोध के बीज अंकुरित!

जोश, आक्रोश, प्रतिकार में
डूबती रही साँसें
खपती रही अस्थियाँ
घुलते रहे आँसू
गहरा काला होता रहा समुद्र!

पत्थरों पर पछाड़ मारता पानी
बनता गया गवाह
देशभक्तों पर पाशविक यन्त्रणाओं का
जिनके नाम तक नहीं जानते हम
गिनती भी मालूम नहीं उनकी
जो काल कलवित हो गये
हमारी आज़ादी की जंग में!
मियादी नहीं थी उनकी सज़ाएँ
कि तारीख़ें गिनी जातीं
रंगे जाते कलैण्डर
कि बाट जोहते
निर्जन वन के बन्दी!

चस्के लेकर पढ़ते रहे फिरंगी
पोर्ट ब्लेयर न्यूज़
मासिक पैथोलोजी रिटंर्स
मई : बीस इंच बारिश एब्रडीन[5] पर
सोलह मरे डायरिया से
जून : बरसात तेरह इंच
अल्सर पीड़ित कन्विक्ट ने
लगायी फाँसी परसेवरेन्स पॉइण्ट[6] पर

जुलाई : बम्बू फ्लैट[7] पर भूख से हुए कंकाल
मर गये पैंतीस!

सिनकोना एल्कलायड[8] का परीक्षण करें
एक हज़ार कैदियों पर
आदेश था सचिव शिमला का
पोर्ट ब्लयेर के डॉक्टर रीड को
अठारह सौ अस्सी में
रोज खिलाये तीन दाने
बीमार पड़ने तक।

एक हफ़्ते में देशभक्त सेनानी
होते गये ख़ून रहित, फूली पीली जीभ
डायरिया और दो दिन में मौत
पेरू से किया था ये ज़हर आयात
कुनीन बनाने के लिए!

मरते रहे वीर और निरन्तर उतरती रही किश्तियाँ
अण्डमान के अलग-अलग टापुओं पर
लेकर सज़ायाफ्ता देशभक्तों की खेपें
देश के कोने-कोने से
मज़हब की सीमाओं से परे
वहाबी, रम्पा, मोपला विद्रोह
अलीपुर, बर्मा, चटगाँव केस
काकोरी, गदर के बाबाओं को कैदी बनाकर
उनके प्रिय युद्ध क्षेत्रों से दूर।

इन हरित द्वीपों ने नहीं देखा था
ऐसा भयावह अतिक्रमण
उनकी देहों पर
गड़ी साम्राज्यवाद की
भेदक नज़र!

कहते हैं अठारह सौ छियान्वे में रखी थी नींव
दस साल लगे बनाने में
एक जेल सैल्यूलर
ऑक्टोपस-सी, तिमंज़िला
एक जोड़ी लहूलुहान हाथ तोड़ते पत्थर
एक जोड़ी पाँव बींधते ज़मीन
अपने वास्ते बनाते एक जेल
एकाकी!

सरंचना ऐसी कि मिला न सकें नज़र एक-दूसरे से
ना सुनायी दे कोई आवाज़
हाँ, दिखते रहें फाँसी के फँदे
और उन पर झूलते उनके साथी
धुर एकल कोठरियों से!
काले कपड़े से चेहरा ढँकना
अन्तिम इच्छा जानना
यहाँ की योजनाओं में नहीं
बस, डूब जाती हुई आँखों के 'ब्लैक होल' में
ज्ञात-अज्ञात स्मृतियाँ, रोशनी के कण
रंगों के सतरंगी खोल!

बर्मा (म्यांमार) से लायी गयी ईंटें और निर्माण-सामग्री
सैल्यूलर की, और मज़दूर
दण्डी बस्तियों के हज़ारों देशभक्त कैदी
लेखक, कवि, ज़मींदार
चेतस में आज़ादी बोये
वतनपरस्त मशाल उठाये
उतारे गये कालापानी कितने
दीवानसिंह कालेपानी, फज़ल-उल-हक़ ख़ैराबादी
उल्लासकर, सावरकर बन्धु, बाबा सोहन सिंह
बटुकेश्वर साथी भगत सिंह के

बन्द तेरह वाक् सात की
इन काल कोठरियों में
बेड़ियों, ज़ंजीरों से मजबूत
स्वप्न जगाये
कसैली यातनाओं में
निःस्वार्थ इच्छाओं की पूँजी समेटे
आज़ादी का बीज-वाक्य धारे!

क्या होती है आज़ादी
जिसके लिए कूद पड़े अन्धी आग में
करते रहे सर्वस्व न्यौछावर
घर, परिवार, मुल्क से दूर
जिसे शान्त होना था
इस पार या उस पार जाकर
अपने भीतर ज्वालामुखी उगाये
जोश भरता रहा इन्कलाब का नारा
छः सौ अठानबे कोठरियों में
समझते थे मोल और महत्व
वो आज़ादी के नायक!

तुम्हें भी तो हुआ होगा
जलावतनी का अहसास, जेलर!
भगवान कहते थे ख़ुद को
पोर्ट ब्लेयर का
जब पड़े बीमार और लाया गया
स्ट्रेचर पर लाद कर
कलकत्ता और मर गये वहीं
न हुआ नसीब तुम्हें भी
अपना वतन!

जेलर के जूतों का निर्लज्ज टक्कारा
ज़ंजीरों का लोहा

यातनाओं की नंगी तस्वीरें
तोड़ ना पायी हौसले उनके
और ना भूख-हडताल।

ज़बरदस्ती की जद्दोजहद में
बुझ गये आँखों के भभूके
भाई महावीर, मोहन किशोर
मोहित मित्रा के
मृत जिस्मों को पत्थर से बाँध
फिंकवा दिया समुद्र में
रात के घुप अँधेरे में!

दहाड़ मार कर रोया सागर
मूक न रह सके वो पत्थर
दिल्ली तक पहुँची गर्जनाएँ
पैशाचिक करतूतों की
हिल गयी चूलें ब्रितानी हुकूमत की
दुनिया के नियामक कहलाने वालों को
ख़त्म करनी पड़ीं सजाएँ कालेपानी की
शुरू हुई रिहाइयाँ भी
खाली करनी पड़ी सैल्यूलर!

सुन्न पड़ी ये सैल्यूलर जेल
एक सौ दस वर्षों से
चश्मदीद गवाह है;
पत्थरों में जज़्ब लहू की
आती है गन्ध इस इलाके से
साँसों की, नमक की, यातनाओं की
मौन पत्थरों के सन्नाटों में
कसकर गूँजती हैं

बलिदान-गाथाएँ
हमारी आज़ादी की ख़ातिर
मर मिटने वाले
दण्डी बस्तियों के बाशिंदों की
कालापानी से सैल्यूलर जेल तक!!

□□

सन्दर्भ

1. अण्डमान-निकोबार पर जाकर समुद्री अड्डा बनाने की सिफ़ारिश की। उसी के नाम पर पोर्ट ब्लेयर बसा है
2. 1857 के गदर के अपराधियों को काला पानी भेजने की कार्रवाई हेतु भेजे गये विशेषज्ञ
3. जेम्स पैटीसन वाकर, मिलिट्री डॉक्टर

4,5,6,7. अण्डमान निकोबार के विभिन्न द्वीप

8. सिनकोना एक पौधा जिसकी छाल में बहुत एल्कलायड होते हैं जिसे सुखा कर और पीस कर कुनीन बनाने में प्रयोग किया जाता था